영원을

염원하며

영원을 염원하며

발행	2025년 04월 10일
저자	손가은
펴낸이	한건희
펴낸곳	주식회사 부크크
출판사등록	2014.07.15.(제2014-16호)
주소	서울특별시 금천구 가산디지털1로 119 SK트윈타워 A동 305호
전화	1670-8316
이메일	info@bookk.co.kr
ISBN	979-11-419-0315-2

www.bookk.co.kr
ⓒ 손가은, 2025
본 책은 저작자의 지적 재산으로서 무단 전재와 복제를 금합니다.

영원을 염원하며

손가은 지음

CONTENT

머리말

제1장   영원의 계절 9
―――――――――――――

쉿..!
여름의 이름은 J
벚나무 아래
벚꽃의 잔향
환절기
꽃다발
여름감기
나비 놀이터
일 년 우체통
레몬 반복
베타
탄산 알레르기
여름의 한가운데
녹음의 숲속
누가 그러겠어
여름 성수기
알려줄래?
선율의 물결
여름비를 뚫고

그대는 꽃처럼
여운이 불러온 감정
밤의 향연

제2부 영원을 염원하며 45

영원으로
청춘에 기대어
빛의 반대편
늘 이곳, 바다에서
영원한 사랑이란 환상
명:도
단어를 뒤집어
밑줄
새벽 자각몽
영원의 파장
낙하의 신호
영생의 향기
낭만, 청춘의 목걸이
불협화현
그라데이션
그리움의 끝은 기다림

A에게.
영원을 염원하며
결말은 배드엔딩으로
널 위해서라면
안부의 목적지는:
영원히.우리
찾았다! 낭만
13.
영원>구원
무한을 드리며

작가의 말   82

머리말

영원, 무한, 청춘, 낙하

내가 사랑했던 수많은 단어들 그 중 어느 하나처럼
잠시 숨을 고를 수 있는 안식처를 만들고자
흘러가는 시간을 따라가기 바쁜 그대들을 위해
모호한 단어들 속 나의 진심을 꾹꾹 눌러 담아
한 글자씩 적어보았습니다.
한 글자 한 글자 덧없이 새겨놓은 마음들이
부디 여러분을 위로할 수 있기를,
영원이라는 단어를 간절히 믿으며
부디 그대의 행복이 오래도록 지속되기를,
그대의 앞날에 늘 반짝이는 것들만이
가득하기를 염원합니다.

이곳에서는 부디 호흡할 수 있기를 바라며

영원한 세상 속에서 살아가는 그대들에게
이 책을 바칩니다.

제 1장

영원의 계절

쉿..!

숨을 죽일 때 들리는 소리가 있다.

눈치를 보며 웅크리다 숨을 죽일 때
작게 존재감을 비추는 소리
바스락- 쉿! 조심해,
부끄러움이 많은 소리는 언제 등을 돌릴지 모르니까.

쨍그랑 깨져버린 단어들이 실어 온 소리를 들어본 적 있어?
전하지 못한 마음이 흐르는 소리 말이야.

온통 조심성 없는 소음들이 넘쳐난다며
투덜거리는 나에게 언니는 그 소리를
굴절하는 물결의 흐름이라 했던가
찬란하게 스치는 바람, 그리 말했던가

그렇게 말하는 사람은 언니가 유일하다는 걸 아는지 모르는지
이제는 나도 귀를 기울일 줄 아는 사람이 되기를 소망한다.

작은 조잘거림에도 발걸음을 멈출 수 있는 그런 사람

나지막한 음절들이 나를 덮치면

그대로 휩쓸려가야지

점차 흔들리던 물결이 사그라들면
어느새 고요한 적막이 찾아오고
홀로 날이 가득한 테두리 끝에 서 있어.

이때 기울어진 세상을 따라 비스듬히 바라보면
언니처럼 시린 색채들이 번지겠지

미지근한 감정 속에서도
숨을 죽이면 들리는 작은 고동,
그 고동이 요동치고 결국 가지를 뻗으며 번져나갈 때
나는 숨을 죽여.

쉿···

자 어때?
너도 들리니?

여름의 이름은 J

그거 알고 있니 J야
난 여름을 싫어해.

귀를 찌르는 듯한 매미 소리도
갈수록 짧아지는 나의 밤도
등을 타고 흐르는 땀방울마저 전부.

그럼에도 내가 웃을 수 있었던 건
햇빛 아래 태양보다 빛나던 네가 함께였기
때문이고
짧아지는 나의 밤보다
길어지는 너의 낮이 더 소중했기 때문이야.

그런데 J야 넌 어디로 간 거니
너는 나에게 뜨거운 찰나의 여름이었고

여름이 지나버린 지금 나는
시린 겨울 한가운데 서있어.

J야 난 이제 여름이라는 계절을
어떻게 마주해야 하는 걸까?

벚나무 아래

4월에서 5월 그 사이 언젠가
벚나무가 한창 개화하는 시기

세상을 핑크빛으로 물들이고
바람을 타고 흩날리는
모든 꽃잎의 목적지는 나 하나

벚나무의 꽃말은 결박
나를 향해 날아드는 꽃잎에 발이 묶인 걸까
함께 뒤섞여 떨어지는 추억들에 발이 묶인 걸까

지난 모든 추억의 벚꽃이 낙하하고
새로운 기억의 꽃봉오리가 피어날 때까지

나는 하염없이 그날을 소망하며
벚나무 아래에 묶여있다.

벚꽃의 잔향

흐드러지게 핀 봄꽃 사이에
살랑이는 바람과 함께 날리는 너의 향기

봄의 향기가 무엇이냐고 묻는다면
나는 너의 샴푸 향기를 말하겠다.

마트 어디에나 팔던 흔한 싸구려 샴푸가
나에게는 여리던 봄이었고, 만개한 꽃이었다.

바람 불면 찰랑이는 너의 꽃향기가,
그 씁쓸한 벚꽃의 잔향이 파도처럼 밀려와
봄을 알렸다.

꽃이 저물고 계절의 순환이 시작되어도
너의 곁에서는, 너의 옷가지에서는
여전히 봄이 머물고

영원한 봄의 환상 속에
쏩쓸한 샴푸 향기의 흐름 속에
평생을 헤매어도 좋으니

떠나가지 말아라
나의 봄아, 나의 바람아.

환절기

떨어지는 목련과
고개를 드는 나팔꽃들

바람을 타고 떠다니는 꽃가루에
여기저기에서 재채기 소리가 들리고

꽃이 필 무렵 시작되는 꽃샘추위에
반팔과 긴팔이 뒤섞여
계절을 짐작할 수 없는 길거리의 풍경이 가득하다

봄을 지나 여름이 다가오는 시기
포근해진 공기가 차분히 내려앉는 시기

나른해지는 길거리와
나약해지는 사람들

계절의 사이 비어버린 시간에
정착하지 못한 세상이
어찌할 바를 모르고 방황한다

낮과 밤의 교차가 유독 커지는 무성격한 시기
무생물들마저도 춘곤증에 울렁이는 시기를 지나

이제 곧 여름이 온다

꽃다발

아리따운 꽃말을 지닌 모든 꽃을 따다
모아 만든 꽃다발

극락조- 영원히 변하지 않는 것
자스민- 사랑의 기쁨
스파티필름- 세심한 사랑
히아신스- 당신에게 행운을 가져다줄게
물망초- 나를 잊지 말아요

마음을 하나하나 엮어 만든
이 꽃다발은
당신께 바치는 나의 시

그대의 방 안에 꽃말을 실은 향기가 떠다니고
불어오는 바람에 꽃잎이 흔들리는 한
끝나지 않을 나의 시

그러다 문득 쳐다본 꽃다발의 꽃이 시들어갈 때
더 이상 향기마저 흐려져 바스라질 때

그날의 태양 아래
물거품처럼 홀연히 사라질 나의 꽃다발

여름감기

삐질삐질 흐르는 땀이
식은땀인지 뭔지

너를 볼 때마다 머리에서 열이 나는 걸 보니
감기 기운이 있나 보다.... 했다

기침처럼 새어 나오는 고백을 누르고
한여름에 두꺼운 이불을 덮는다

그제 찬바람이 불어서 그런가
오늘 너와 함께 걸어서 그런가

이번 감기는 증상이 다양한 걸 보니
아주 지독한 감기에 걸렸나 보다

너와 맞닿았던 손끝은 아직도 화끈거리는데
왜 옷을 잔뜩 입어도 몸은 아직 오들거리는지

감기가 아니라 너였던 걸까

빨개진 볼을 감기로 가리고
입 밖을 튀어나오는 사랑 고백을
기침 소리에 덮은 채로

난 그 오랜 여름 동안 너를 앓았다.

나비 놀이터

나의 청춘에 존재하는 나비 놀이터.

여름밤이면 우리는 그네에 앉아
이야기꽃을 피우곤 했고

날씨마저 선선한 그 밤 아래
시간이 흐르는 것조차 잊은 채 머물렀고

유독 고양이가 많았던 그 놀이터에서
나는 그 고양이들을 나비라 불렀다.

가로등 하나 있는 길에 털썩 주저앉으면
소리 없이 모여드는 고양이들이,
한가롭게 사라지는 고양이들이,
마치 나비 떼가 날아드는 것 같아서.

시간이 지난 지금도 여전히
나는 모든 고양이의 이름을
나비라 지어 부르고

우리의 방황과 성장과 못다 한 이야기를
두고 온 그곳의 이름을 나비 놀이터라 추억한다.

-돌아갈 수 없는 그리운 우리의 나비 놀이터를 그리며

일년우체통

저는 지금 올해의 여름을 나고 있습니다.
올해의 여름은 유난히도 더운 것 같지만 그래도 어찌 무사히 보내고 있는 것 같네요. 홀로 세일하는 수박 반쪽을 사와 여름 기분도 내보고 아, 얼마 전에는 예쁜 여름 잠옷을 새로 사보았습니다. 일 년 뒤 이 편지가 도착할 때쯤에는 이 잠옷도 헌 옷이 되어있을까요? 모든 것은 낡기 마련이지만 전 현재의 반짝거림을 즐기기로 마음먹었습니다. 신기하게도 마음의 여유를 가지니 세상이 더 환해 보이는 것 같더군요. 더 많은 이야기를 담고 싶지만, 커다란 과거는 나아가는 발목을 잡을 뿐이라는 것을 알기에 이쯤에서 약간의 아쉬움과 함께 마무리하겠습니다. 올해의 가을과 겨울이 지나고 또다시 여름이 찾아오면 그때는 더 성숙한 제가 되어있기를,
새로운 여름을 맞이한 그대에게 지금의 여름을 담아 드리겠습니다.

레몬 반복

레몬 맛 사탕
레모네이드
레몬 맛 껌
레몬 칵테일
레몬 맛 스무디

찡그린 눈과 올라간 입꼬리로
마주 보며 웃음 짓던 우리 둘

그 한순간을 위해
쓰린 속은 상관없다는 듯이
모든 맛을 레몬으로 통일시켜

온몸이 노랗게 물들고
한숨마저 레몬 향이 가득하게

입안에 레몬을 가득 물어
다시 서로를 바라보고

무더운 여름날
오직 레몬만이 가득했던 방안에는

윙윙 돌아가는 선풍기 소리와
목에 걸린 레몬의 상큼함과
방 안을 굴러다니는 레몬 껍질들과

두 손에 꽉 쥔 우리의 레몬들

베타

어느 날 책에서 봤던 베타

물속에서도 빛나는 아름다운 자태에 홀려
온종일 허우적거렸다

그날 이후 비가 오면 창문을 활짝 열어젖혀
방 안에 천천히 차오르는 빗물에 몸을 맡기곤
너에게 속삭여

지금이라 외치면 뛰어들어 볼까

이 방이 어항이 되는 거야
우리가 베타가 되는 거야

물속에선 넘어지는 걸 두려워하지 말아
나의 호흡을 나눌게
처음부터 물과 함께였던 것처럼 헤엄쳐

겁낼 필요 없어

우리 함께 봤던 베타를 기억하지?

내 손을 놓치지 마

그럼 바로

.

.

.

.

지금!

탄산 알레르기

톡톡 터지는 저 크림소다가 왜 이리 빛나 보일까
새빨간 채리 하나 올라가 있는 음료수가 너를 닮았나?

네가 유독 좋아했던 크림소다가 문득 생각나서
마시지도 않을 거면서 괜히 시킨 걸까?

나만 빼고 다 행복한 미소를 지어
이 공간에 불순물이 된 것만 같아

사람들 손에 들린 크림소다가 어지러워
보기만 해도 민트색 탄산이 따가워

네가 떠나간 이후로 다 이상해진 것 같아

이 여름도
이 크림소다도
나도

여름의 한가운데

풀벌레 우는소리와 함께
한창 무르익는 여름이 다가오는 소리가 들린다.

숲에도 이젠 질푸른 여름빛이 완연하고
만엽이 온 산을 뒤덮고 있는 계절.

저 멀리 고요의 바다에도 생명력이 솟아나고
바다를 가득 채운 윤슬에 시선을 빼앗기는 계절.

시린 겨울이 왔었던 건 언제였는지
무더운 날씨가 여름의 중심으로 들어섰다.

저녁별조차 따스한 계절 속에서
마치 나의 사계가 모두 여름인 것처럼
이 여름의 길이가 무한한 것처럼

나는 지금 여름의 한가운데 서있다.

녹음의 숲속

녹음의 질은 숲길을 따라가면 나타나는

나를 쓰다듬고 지나가는 바람과
절벽의 바위틈 사이 피어난 물망초와
햇빛과 함께 흐르는 시냇물

그 모든 것이 존재하는 녹음의 숲속에서
온갖 새가 재잘거렸다

햇빛이 가늘어지고 구름이 태양을 가리면
드러나는 녹음의 밤에는

별빛을 반사하는 호수와
절벽 끝에 걸린 초승달과
조용히 울리는 가람 물결 소리

눈부시고 찬란한 광경이
눈앞에 펼쳐지고

하루의 끝까지 황홀한 녹음의 숲이
또 한 번 저물어간다

누가 그러겠어

이 계절에만 누릴 수 있는 따스한 추억이 있는데
누가 이 여름을 찝찝하다 하겠어

한입 베어 물면 온몸이 시원해지는 아이스크림이 있는데
누가 갈증을 느낄 수 있겠어

바람을 따라 살랑이는 꽃잎들이 있는데
누가 여름이 지루하다 할 수 있겠어

파도치면 햇빛에 비쳐 수면위로 드러나는
조개들이 있는데
누가 눈을 반짝이지 않을 수 있겠어

이미 모든 아름다움을 맛보았는데
어떻게 여름을 싫어할 수 있겠어

여름 성수기

태양을 향해 발을 내딛으면
중력보다 강하게 나를 끌어당겨 변덕스러운
여름의 성수기에는

볼을 스쳐 지나가는 뜨거운 바람과
와드득 와드득 씹어대는 얼음 알갱이들

턱을 타고 흐르는 땀방울과
유리컵에 송골송골 맺히는 서리

푹푹 찌는 더위에 증발한 물방울들이
다시 여름을 타고 여우비가 되어 흐르고

어른어른 피어오르는 아지랑이의 기둥은
저 하늘까지 닿을 듯하다

오르락내리락 반복하는 여름에

괜스레 내 마음마저 싱숭생숭해지는 무더운 계절

도저히 차분해질 수 없는

지독한 사계의 여름철 성수기

알려줄래?

왜 땅을 향해 쏟아지는 빗방울도
이 여름의 더위를 잠재우지 못해?

에어컨 바람을 최대로 틀어도
왜 내 볼에선 열이 가득해?

우리 같은 우산 아래를 걸었는데
왜 내 어깨만 축축해?

왜 세상을 가득 채운 빗소리도
내 심장 소리를 감추지 못해?

기나긴 장마가 끝났는데도
왜 난 너를 잊지 못해?

왜?

선율의 물결

잠들 수 없는 뜨거움에
몸부림치던 그 여름날

흐르는 강이 만들어낸 자연의 노래 속
아직도 귓가를 맴도는 그대의 목소리

그 위에 화음을 살포시 겹치곤
찰랑이는 물결 위를 그대 발걸음에 맞춰 걸어요

우리의 멜로디에 악보란 존재하지 않고
오직 둘만의 선율을 따라가던
그 시절을 기억하나요

지금은 홀로 남겨져 음표를 더듬으며
외로이 부르는 추억의 노래이지만
그때 그 순간이 잊혀지는 날이 오긴 할까요

신이시여,
이 위태로운 사랑을 위해 기도해주세요 .

여름비를 뚫고

여름, 비가 가장 많이 내리는 계절

여느 여름보다 뜨거웠던 우리를
식혀주려 이리 쏟아지는 걸까

우리가 뿌렸던 수많은 꽃씨를
피우기 위해 이리 내리는 걸까

여름낮 뜨거운 햇살이 쫓아올 수 없는 속도로
저 여름비가 바닥에 닿는 것보다 빠르게
우리는 빗물을 뚫고 달렸다

식어가는 열을 만끽하며
뛰어가는 발걸음엔 꽃씨를 흩날리며

그래 여름, 비가 가장 많이 내리는 계절

그리고
그때의 그 여름과 / 너와 / 나

그대는 꽃처럼

붉으면서 푸른 색채들과
바람에 실어 나르는 향기들을 따라

가지가지 피어있는 그대를 한 아름 안자
마치 눈보라처럼 무수한
수천 송이들의 꽃보라가 일었다.

찰랑이는 물꽃처럼
타오르는 불꽃처럼
살랑이는 들꽃처럼
반짝이는 별꽃처럼
피어나는 열꽃처럼
떠오르는 봄꽃처럼

마치 그대처럼.

여운이 불러온 감정

학창 시절 속 여름에는 끝없는 여운이 서려 있다

그 시절 속 나는 무더운 여름이 영원할 것만 같았고
계절의 끝이 다가오고 있다는 사실을 몰랐기에
햇빛에 눈을 찌푸리며 그늘로 도망가기에 급급했고
녹아떨어지는 아이스크림을 아쉬워하기에 바빴다

이 여름의 끝에 우리의 이별이 기다리고 있다는 걸 알았더라면
다시는 그 순간으로 돌아가지 못한다는 사실을 알았더라면

함께 쏟아지는 여름비를 맞으며 달려도 보고
이글거리는 태양과 눈싸움도 해보았을 텐데

그 여름 속 추억의 한 페이지로 남아있는
우리의 철없던 모습들은

어린 날의 낭만을 허비한 채
여운으로 가득 찬 어른이 되어버린 나에게

또다시 긴 여운을 남기고
이따금씩 아련한 감정을 불러온다

밤의 향연

깊은 밤하늘에 만천한
저 별들을 관통하여 지나가는 구름과

짙게 깔린 밤안개를 뚫고
날아오르는 반딧불이와

밤이 되자 초점을 잃은 해바라기들의
아름다움을 알고 있니

밤이 깊어질수록 더욱더 빛나는 별빛과
내가 사랑하는 암흑 속 선명한 그 아름다움들을,

해가 뜨면 눈 부신 빛에
견디지 못한 어둠은 사라지겠지만

여전히 맑은 하늘에 별은 떠 있고
우리의 밤은 아직 끝나지 않았는걸

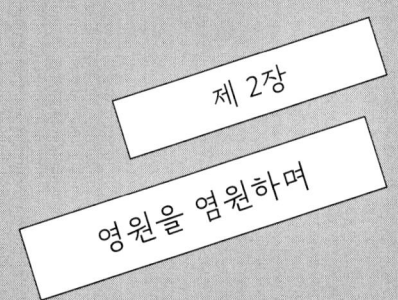

제 2장

영원을 염원하며

영원으로

두 손에 꽉 쥔 타버린 과거의 조각들을
허공에 놓아주고

시계 초침조차 뛰어넘어
영원의 미래로 떠나볼까

영원한 현실은 없다고 말하는
모든 이의 말을 흘려보내고

시대를 초월하여 수평선 너머
영원의 세계로 떠나볼까

현실과 두려움을 뒤로하고
0과 1 사이 그 수많은 숫자들을 건너

무한한 순간을 포착하는 그때,

함께 영원으로 가자

청춘에 기대어

청춘. 수많은 수식어가 붙는 하나의 단어
꽃다운 청춘,
푸르른 청춘,
찬란한 청춘,
유일한 청춘,
수없이도 많은 청춘이 각자의 자리에서 개화한다.

여름밤 길거리에 떠도는 모든 방황도
겨울밤 이불 속에 떨고 있는 모든 외로움도

청춘이라는 단어로 곱게 포장하여
내 지난 날의 과오는 모두 청춘이 되었다.

나는 이 모든 과오를 안고 앞으로 남은 오랜 세월을
영원히 청춘일 것만 같은 착각 속에 살아간다.

빛의 반대편

너는 모르는 이른 날의 아침은 파랗다

해가 떠오르면
푸른 아침은 붉게 데워지고

그날의 공기만이
갈 곳을 잃고 덩그러니 남아있다

네가 천천히 떠오르면
그 빛을 견디지 못한 나는

숨이 막히도록 차가운
이른 날의 아침에
천천히 익사한다

늘 이곳, 바다에서

모든 물은 바다로 귀일한다.

쏟아지는 폭포
세차게 내리는 폭우
잔잔히 흐르는 강물
죽은 듯이 고요한 호수

그 모든 물은 흐르고 흘러
때로는 하늘을 지나 바다로 귀일한다.

사람의 몸 대부분은 물이라던데
그래서 내 발걸음도 늘 바다로 향하는 걸까

오늘도 난 말 없는 바다를 뒤로한 채
다신 이곳을 찾지 않을 거라고
지키지 못할 다짐을 바다에 맡긴다.

영원한 사랑이란 환상

영원한 마음으로 내가 가장 손꼽아
원하는 것은 세상에 한 명뿐인 그대
한순간에 마법처럼 빠져버린 순간.
사진 속에 너의 미소를 담는다면 사
랑이라는 이름을 붙여야지 아름다운
이 미소를 그대 입가에 영원토록 찬
란히 빛나게 할 수만 있다면 나는 그
환혼의 시간 가운데에서 영원한 마음,
상공의 정상에서 나의 전부를 그대에게.

명:도

너는 밝고 나는 어둡다.

밝고 어두움의 기준이라는 게 있나

그 모든 명도의 기준은 늘 상대적이기에
나는 이제 밝음과 어두움조차 구별하지 못한다

이리될 운명이었나,
너와 비교하면 그 어떤 것도 밝은 것이 없고
나와 비교하면 그 어떤 것도 어두운 것이 없으니

너는 늘 내 밝은 모습이 좋다고 말했지만
그 또한 난 그저 너의 빛을
반사하고 있었다는 걸
넌 알고 있을까

어지럽도록 많은 색채 속에서
수도 없이 흑백인 세상을 기도했지만
그럼에도 지워지지 않는 하나의 문장.

너는 밝고 나는 어둡다.

단어를 뒤집어

아늑한 악몽
8월의 겨울
침묵의 파도

모순적인 단어들이 주는
황홀함의 매력

제각각 독특한 단어들을 끌어모아
나만의 글을 맞춰본다

무색의 노을
고요한 설움
포근한 철야

퍼즐처럼 끼워 맞춘 단어들로
이 세상을 뒤집어
정반대의 풍경을 바라봐야지

그리고 이 글의 마침표는
가장 높은 곳에

밑줄

너를 진심으로 사랑한다는 말은 다 거짓말이야
더는 식어버린 내 마음을 너에게 숨길 수 없어
너와 함께 찍었던 영상도 원망스러운 기억으로 남았고
이젠 전부 그만하고 싶어 어떻게 하면 헤어지자고 말해줄래?
너만 나를 사랑이 담긴 눈으로 바라보며 지냈다는거
너도 잘 알잖아 널 사랑한다는 거짓말도 그만할게
서로가 질척거리는 행동도 마지막이겠지
이젠 정말 남이 되자고 하는 말이야
정말 마지막까지 좋지 않은 기억으로 남아있게 해버렸네
답장은 보낼 필요 없어 나도 기다릴 생각 없으니까
행복하게 잘 살아 진심이야

새벽 자각몽

새벽달이 창가에 걸려있는 먼동이 트려 할 무렵

새들마저 졸음을 못 이겨 휘청이는 시간
아스라이 들려오는 새벽 종소리에 감았다 떠진 눈

새벽이 이렇게나 밝았던가
오늘따라 예민한 내 마음이 새벽빛을 지나치지 못하고 깨었다

적막의 고요 그 가운데
내 마음만 유난히 소란스럽다

술렁이는 이 마음이 방 밖을 빠져나갈까
굳게 잠근 창문과 뒤덮은 이불 속에 꽁꽁 감추곤
두 눈을 질끈 감은 채로 아침이 오기만을 기도했지만
오늘의 새벽은 애석하게도 왜 이리 오래 맴도는지

자각몽의 공포일까
현실의 악몽일까

꿈과 현실 사이를 비틀거리며
겁에 질린 물음표와 함께하는
새벽의 악몽은 길기만 하다

영원의 파장

영원의 파장 속 작은 스파크를 일으켜
연청빛이 번쩍 하늘을 밝히면

우리의 꼭대기를 가득 채운
그 수없는 이름의 파랑들과

한울을 가득 채운 영원의 울림,
울리는 진동수는 우리의 심장박동

영겁의 우주 속 영원을 향한 외침과
방향을 잃고 나아가는 시간을 붙잡고
난 홀린 듯이 너를 따라
이 하늘을 유유히 유영해

우리의 영원이 광대한 미래의 우주
그 끝에 닿을 때까지

낙하의 신호

머리 위로 천천히 낙하하는 하늘의 저녁노을이
소리 없이 저물어간다

태양이 떨어지고 온 세상이 붉게 물들었다가
이윽고 암흑이 찾아오는 시간

차가운 달빛이 이 세상을 감싸고
수많은 별들이 고요히 낙하하는 시간

들뜨던 공기는 차분히 가라앉고
이제서야 나의 하루가 시작된다

내 하루의 시작은 별의 낙하,
태양이 낙하하고 달이 떠오르는 황혼의 순간,
모두가 잠든 침묵의 시간

나의 하루를 알리는 낙하의 신호

영생의 향기

저는 향으로 사랑했던 순간들을 기억합니다

기억은 사라져도 향은 가슴에 남아
그 순간을 다시 불러오기도 하니까요

친구들과 웃으며 달리던 학교 복도의 시원한 향기
새벽녘 놀이터 그네에 앉아 홀로 맡던 아침의 향기
온 집안을 가득 채운 유독 싱그러웠던 주말의 향기

아직도 그리운 향기가
코 옆을 스치면
그때의 추억에 빠지곤 합니다

스러지는 것들로 둘러싸인 세상에
이날의 향기만이 영생을 살아가겠죠

그러니 저는 어떤 것으로도 덮지 못할
가장 강렬한 향기로 남겠습니다
흘러가지 않는 꿋꿋한 향기로 남겠습니다

그렇게 영생으로 남겠습니다.

낭만, 청춘의 목걸이

앞이 보이지 않는 길도
불안히 흔들리는 세상도
막연히 떠밀리는 상황도

그럼에도 웃음을 잃지 않는 우리는
오직 지금만 느낄 수 있는 청춘이라는 이름

울렁이는 세계의 바람에도
술렁이는 수많은 말소리도
떨리는 두 손도

방황하며 아슬한 걸음을 내딛는 우리는
이 모든 것을 낭만으로 포장해

낭만, 그것은 청춘의 목걸이로
청춘, 그것은 영원한 순간으로
순간, 그것은 무한한 기억으로

불협화현

끊어져 버린 기타의 3번째 줄

남은 5개의 선으로 오선지를 만들어
연주하는 어설픈 음의 흐름

드문드문 지워진 음표들을
징검다리 삼아 뛰어넘어
만들어가는 불협화음

엉망으로 범벅된 이 노래의
서툰 음정과 아슬한 선들을 갈고닦아

내 모든 이야기와 그 속에 담긴 외침이
이 악보를 뚫고 저기 저 우주까지 닿을 수 있도록
깊고 먼바다 끝까지 잠길 수 있도록
간절히 소원하며, 다시
도돌이표 :

그라데이션

연하늘색에서 청색으로
천천히 잠식되는 것처럼
점점 깊어지는 이 마음

희미한 비눗방울부터
심연의 바닷빛까지
진해지는 사랑을 감출 수 없어

사랑의 발자취를 되짚어보니
나타나는 색채의 변화

그사이 두 가지 색으로 정의 불가한
넘쳐나는 색들을 모두 끌어안고
뒤를 돌아 달리는 발자국은

그라데이션

그리움의 끝은 기다림

그대를 향한 그리움이
너울처럼 밀려와

내가 지닌 모든 감정은
파도에 침식되어 남은 건 공허한 그리움뿐이지만

이 기약 없는 기다림 끝에 당도할 그대만 있다면

나의 전부가 바다에 잠기더라도 놓지 않은 인연과
마침내 수면 위로 떠오를 사랑과
온 힘을 다해 쏘아 올린 축복을

움켜쥔 채 머물러
띄워 보내는 당신을 향한 기다림의 약속

A에게.

수많은 의미로 이루어진 빛처럼
넌 내 삶의 수많은 이유였고

손 틈 사이로 새어 나오는 빛처럼
떠나가는 너를 붙잡을 수 없었다

애초에 빛을 가두려 했던
나의 욕심이었을까

암흑 같던 나의 삶이 처음으로 반짝여서,
그 빛에 눈이 멀어
너를 원했던 순간부터가 문제였을까

결국 네가 떠나간 이 자리에서
나의 빛은 너로 남아

평생 빛바랜 너의 이름을 문지르겠지

너는 빛을 향해 **훨훨** 날아
온몸으로 태양을 맞으며 살아가길

난 한 발자국 뒤 그림자가 될 테니
부디 나의 어둠이 너의 빛을 더 밝혀주길

영원을 염원하며

영원
: 시간을 초월하여 변하지 아니하다.

우리 영원의 사랑이라는 걸 한 번 해볼까
두 손을 맞잡고 시간을 초월한 사랑을 해볼까

영원한 사랑이란 환상에 불과하다지만
우리 영원의 영원까지 함께 해볼까

찰나의 시작부터 영원의 끝까지
영원이라는 이름으로 이 순간을 조금 더 늘려볼까

조금씩 늘린 이 순간을,
영원불멸할 이 순간을,

순간 속 지금의 우리를 영원이라고 불러볼까

결말은 배드엔딩으로

차마 보내지 못한 편지봉투들을 펼치면
목적을 잃은 글들이 이리저리 휘날린다

지난 나의 사계절이 전부 이 안에,
편지를 열자 튀어나오는

벚꽃 해바라기 단풍 눈꽃
사계의 상징. 그 모든 것을 다시 봉인한다

그때의 그 시절을 편지지 삼아
마지막으로 내 마음을 고이 담고

너의 이름으로 모두 묶어
책을 만들어야겠다

작가의 마지막 말은

.
.
.

널 위해서라면

밤하늘을 수놓는 유성처럼
닿을 수 없는 널 바라보며

내가 할 수 있는 일은 오직

한밤의 무수한 유성 속 너를 발견하는 것
내가 사랑하는 너의 추락을 바라보는 것

널 위해서라면 기꺼이 타버리는 한이 있어도
떨어지는 유성을 끌어안고 죽을 수 있을 텐데

우리 둘의 거리와 시차의 한계를 넘어
너에게 갈 수 있다면

칠흑같이 깜깜한 밤을 너 홀로 울게 하지 않을 텐데
내 온몸을 태워서라도 이 어둠을 밝혀줄 텐데

하지만 내가 할 수 있는 거라곤 고작

저 수평선을 향해 멀어지는 널 지켜보는 것
너의 마지막 추락사를 기억하는 것

널 위해서라면 나는…

안부의 목적지는:

잘 지내고 계신가요?

하고픈 말은 수도 없이 입가를 맴돌지만
혹여 부담이 될까 말꼬리를 자르고 잘라
완성한 한마디입니다.

저 한 문장에 얼마나 많은 제 마음을 태워야 했는지 아실까요
차마 끝을 맺을 용기가 없어 물음표를 그릴 수밖에 없었던 제 망설임이 보이실까요

그대는 제 이름조차 기억 못 하겠지만
저는 한시도 그대의 안부가 떠오르지 않았던 날이 없었습니다.

이 한마디를 적으면서도
갑작스레 받은 물음에 그대가 놀라지는 않을까

그대의 발목을 잡아 뒤돌아보게 하진 않을까
걱정입니다.

그러니 그저 제 안부를 밟고 지나가세요.
이 안부의 목적지는 당신의 발끝입니다.

영원히.우리

흑백 계절 속에 모든 숨이 멈춰버린 듯
그 삭막했던 시간 속
너와 나 단둘만 같았어

잠시만 멈춰 서서 내 이야기를 들어줄래?

모든 것이 무너져버린 이후에도
고요한 세계, 너와 함께라면
내 청춘은 모두 너의 색으로
지나버린 타임라인은 오직 너의 순간으로

찰나를 손에 쥔 채
녹슬어버린 시계를 되감아
이미 시들어버린 계절에
여전히 빛나는 유일한 순간

그 빛바랜 계절 속에 너와 나, 우리만이 영원히.

찾았다! 낭만

우리의 낭만은 어디로 갔을까

난 알아
부서지는 이슬과 흘러내리는 안개 속
구석에 잠시 숨겨뒀던 낭만이 떨고 있는 걸 알지

지겹도록 반복되는 시간의 흐름 사이
색을 잃은 흑백의 도시, 그 좁은 골목에는
홀로 반짝이며 빛을 내는 사랑이 뒤척이고 있다는 걸 알지

그런데 지금 우리의 낭만은 어디에 있어?

가로등 위에서 춤을 추고
어항 속에서 자유롭던
이것 봐 너 빼고 다 이상하게 쳐다보잖아
아, 이런 이야기를 하려던 건 아니였는데

난 다시 잃어버린 낭만을 찾아
조각난 호흡들을 쓸어 담고
너에게 불어넣어야지

그제야 비로소 눈을 뜨는 나의 사랑과
다시 세상을 찬란하게 비추는 나의 태양과
멈췄던 시간을 흐르게 하는 너의 존재가 내 곁에

그래, 비로소 여기에 있어

다시는 없을거라 생각했던
우리의 낭만이 바로 이곳에 있어
드디어

찾았다! 낭만

13. 다음 중 보기에 들어갈 말로 적절한 것을 고르시오. (4.2점)

<보기>

> 너는 나에게 아름다운 ___과 같이
> 단 하나뿐인 ___이었어.

① 햇빛 - 계절
② 추억 - 청춘
③ 꽃말 - 꽃
④ 문장 - 주인공
⑤ 윤슬 - 풍경

영원>구원

너 구원의 상위어가 영원이라는 거 알아?

나는 너에게 구원을 받았고
이제 구원보다 높은 영원을 하고 싶어

더 이상 자잘한 구원에 얽매이지 말자
그래, 지나버린 구원을 씻어버리자

구원을 밟고 올라서서
모호한 단어 속에 우리를 가두고
서로가 유일한 것처럼 침몰하자

나와 영원해줄래?
이건 강력한 구원의 손길이야

무한을 드리며

광활한 대자연 속에서
나는 왜소한 존재에 지나지 않고

한정된 시간 속 내가 경험하지 못한
모든 것을 무한한 환상력으로 채워나간다

더없이 넘쳐나는 모든 것을,
이 손을 빗겨나가는 모든 것을,
머리 위에 무한히 존재하는 모든 것을,

그 전부를 별 볼 일 없는
내가 얻지 못한다 할지라도

나만이 줄 수 있는 멈추지 않는 애정과
환상뿐일지라도 꺾이지 않는 사랑과

그리고 이 모든 무한한 영광을 당신에게.

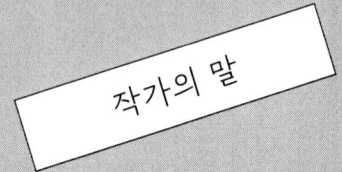

다채로움의 아름다움을 느끼고
포용과 관용으로 감싸주는 세상이 되기를
염원하며
학생의 끝자락에서 내뱉었던 모든 글귀들이
누군가에게는 따스한 위로가 되어주기를
서툴렀지만 단 한 순간도 빠짐없이 진심을 바쳤던
저의 학창 시절을 드립니다.

처음부터 끝까지 모든 주어는 그대들이었다는 걸
모든 마침표를 그대들 뒤에 두었다는 걸
마음에 간직한 채 영원의 끝을 잡고
나아가시길 바랍니다.

빠르게 지나쳐가는 세상 속에서
잠시나마 그대의 평온함이 될 수 있기를.

마지막으로 이 모든 영감이 되어준
친구들에게
끝없는 감사를 전합니다.